纸上香奈儿

CHANEL PAPERSCAPES
THE BOOK THAT TRANSFORMS INTO A WORK OF ART

［英］埃玛·巴克斯特－赖特　著
（Emma Baxter-Wright）

何　微　译

中国科学技术出版社
·北　京·

图书在版编目（CIP）数据

纸上香奈儿 /（英）埃玛·巴克斯特 - 赖特著；何微译 . -- 北京：中国科学技术出版社，2023.1

书名原文：CHANEL PAPERSCAPES：THE BOOK THAT TRANSFORMS INTO A WORK OF ART

ISBN 978-7-5046-9808-7

I.①纸… II.①埃… ②何… III.①夏内尔（Chanel, Gabrielle 1883–1971）—生平事迹 ②女服—服饰美学 IV.①K835.655.7 ②TS941.717

中国版本图书馆 CIP 数据核字（2022）第 198274 号

版权登记号：01–2022–5349

Text© Emma Baxter–Wright 2021

Design© Welbeck Non–fiction Limited 2021

策划编辑	符晓静
责任编辑	符晓静　肖　静
封面设计	中科星河
正文设计	中文天地
责任校对	焦　宁
责任印制	徐　飞
校　译	吴　恳　王程呈

出　版	中国科学技术出版社
发　行	中国科学技术出版社有限公司发行部
地　址	北京市海淀区中关村南大街16号
邮　编	100081
发行电话	010–62173865
传　真	010–62173081
网　址	http://www.cspbooks.com.cn

开　本	880mm×1230mm　1/32
字　数	103千字
印　张	3.875
版　次	2023年1月第1版
印　次	2023年1月第1次印刷
印　刷	北京盛通印刷股份有限公司
书　号	ISBN 978-7-5046-9808-7 / K·332
定　价	128.00元

目 录
CONTENTS

嘉柏丽尔·香奈儿（可可·香奈儿）

出生日期： 1883年8月19日

逝世日期： 1971年1月10日

成就： 为20世纪女性打造现代风格

历史贡献： 解放女性的身体

可可·香奈儿，本名嘉柏丽尔·香奈儿，生于法国索缪的一户贫寒人家，后来成为世界上最成功的女性之一。她跌宕起伏的人生亦伴随着自我的牺牲与磨砺。香奈儿被誉为"19世纪风格的终结天使"。她引领了一场女装革命，推崇行动的自由和低调的优雅，拒绝接受男性主导的时

装所带来的压抑和束缚。香奈儿抓住了命运赋予的每一次机会，她作出的所有决定都受到自身际遇的影响。她充满激情，率性而为，深信随着世界的变化，简约必将成为新的流行，女性的角色也会随之转变。香奈儿以非凡魅力与独特个性闻名于世，她善于为自己的悲惨身世杜撰细节，一如她善于重塑未来的时尚版图。香奈儿很快就大获成功，她缔造的香奈儿品牌风靡全球，留下了众多必备单品构成的风格语汇，至今仍魅力不减，比如小黑裙、奢华的服饰珠宝、比例完美的休闲套装，以及有史以来最畅销的香水——香奈儿5号。然而，随之而来的金钱与名望并不能填补她对爱的渴望。香奈儿终身未嫁，晚年愈发孤寂，朋友也好，情人也罢，人生过客来来往往，只有对事业的追求是她人生永恒的主题。

奥巴辛修道院

建成时间：1134年

地理位置：法国中南部的科雷兹山谷

重要影响：香奈儿标志性元素的美学灵感之源

　　香奈儿的母亲欧仁妮·珍妮·德沃勒在32岁时便撒手人寰，香奈儿和她的两个姐妹以及两个兄弟（朱莉娅－伯莎、安托瓦妮特、阿方斯和吕西安）就只能依靠他们那个反复无常的父亲。香奈儿的父亲亨利－阿尔伯特·香奈儿是一个流动小商贩，或许是无能为力，或许是不愿照顾这几个孩子，他把三个女儿丢到了附近的奥巴辛孤儿院，把儿子们送去当童

工，逃避了自己作为父亲的责任。

　　香奈儿在那座 12 世纪西都会风格的修道院里度过了部分童年时光，这段经历给她带来了深远的影响。此后的人生，香奈儿一直都在弥补童年的遗憾，同时非常避讳"孤儿院"这个词。修道院肃穆的宗教氛围以及举行仪式时简洁的制服深深地影响了香奈儿，这段成长经历是她创意世界中反复出现的主题。这座西都会风格修道院的彩绘玻璃窗上交织的图案，很有可能是香奈儿经典双 C 标志的灵感来源，而修道院地面上铺设的马赛克图案，则赋予她设计十字架和星星造型珠宝的灵感。香奈儿喜欢使用黑白色调、珍珠长项链，还有链条元素，从中可以窥见修女简约的黑白袍服、念珠及链条束腰的踪迹。1929 年，在建造她位于法国南部的别墅时，她让设计师前往修道院寻找灵感，为她在别墅中复刻了修道院令人印象深刻的楼梯，这也足以看出早年生活深深地影响了香奈儿的审美。

歌舞咖啡厅

时间：1902年

地点：穆朗城

场所：香奈儿开启演唱事业的露天咖啡厅

重要影响：获得昵称"COCO"

香奈儿的母亲过早地撒手人寰，父亲决定抛弃女儿们，把她们送到了奥巴辛孤儿院，这些悲惨的童年经历给香奈儿留下了阴影，因此她很早就下定决心要出人头地。清贫的成长环境令香奈儿感到自己缺乏认可和关爱，为了弥补缺憾，她最初梦想着成为表演艺术家，把唱歌跳舞当作未来的事业。距离巴黎大约240千米的穆朗城是一处军事要塞，驻扎在那里

第十骑兵团的贵族军官们十分喜欢光顾城中一家名为"圆亭"的咖啡厅，不满 20 岁的香奈儿在那里开启了驻唱生涯。虽然她的嗓音并不出众，但那些来看演出的军官们十分欣赏香奈儿热情洋溢的表演与魅力。香奈儿会在明星表演者演出的间隙进行串场表演，年轻而富有的军官会将打赏扔到一顶帽子里，她可以尽数收下。香奈儿的表演曲目仅限于两首脍炙人口的歌，一首叫作《谁看见了可可》（*Qui Qu'a Vu Coco*），这曲小调讲述了一位巴黎女士弄丢自己小狗的故事，另一首就是《公鸡喔喔喔》（*Ko-Ko-Ri-Ko*）。香奈儿明亮的黑眼睛与俏皮的面容赢得了军官们的喜爱，他们多为家境殷实的绅士，呼喊着让"小可可"出来表演。艾提安·巴勒松也是圆亭咖啡厅的常客之一，对于香奈儿日后的成功，这位爱慕者功不可没，而"Coco"这个昵称也从此伴随她的一生，化作经典的双 C 标志，彰显着香奈儿品牌的低调优雅。

女骑手香奈儿

时间：1905年

地点：霍亚里越庄园

重要影响：借鉴男士服装

艾提安·巴勒松爱美人，也爱骏马。20多岁时，香奈儿搬进了他的霍亚里越庄园，并在那里发现了与马为伴的乐趣。她每天穿着从拉克鲁瓦圣旺镇的男装裁缝那里购买的马裤与骑士外套，和马夫们一起骑马打发时间，不久就变成了一名骑术精湛的女骑手。她像男人一样跨骑，并横跨下马。和那些时常出入庄园、衣着华丽而美艳的交际花比，香奈儿像个局外人。她选择了低调的风

格，一双平底鞋、一条七分裤、一件白衬衫，颈间再系
一条简单的黑丝带，她看上去更像是一个年轻男孩。
这是香奈儿首次借鉴男士服装，她的一生都受到了
男士着装的影响，随着社会的变化，她把一些实用的
男装演绎成了女装，缔造了自己的标志性风格。终其一
生，香奈儿都热爱马术运动，经常去隆尚看赛马，后来，她著名
的 2.55 手袋上标志性的菱格纹绗缝图案，即借鉴自马夫的外套。骏马佩戴的
抛光皮制马具、锃亮的金属马镫与马辔都有一种低调的美感，据说，2.55 手
袋的皮穿链肩带亦是从马术世界汲取了灵感。

亚瑟·卡柏（"卡柏男孩"①）

生卒时间：生于1881年，1919年12月22日卒于交通事故

职业：实业家、马球玩家

重要影响：香奈儿的资助人，亦是她的一生挚爱

与卡柏男孩共度的那些年一定是香奈儿一生中最快乐的时光。然而，卡柏却在38岁时因车祸丧生，这场意外的悲剧夺走了香奈儿的挚爱，令她伤心欲绝。多年后，她向作家保罗·莫杭吐露："失去了卡柏，我就失去了一切。他留给我的空虚，岁月也难以弥补。"

卡柏是艾提安·巴勒松的朋友，经常在周末去他的庄园，香奈儿正是在

---

① 亚瑟·卡柏的昵称。——译者注，下同

那里遇见了卡柏，冲动之下，她跟着卡柏来到了巴黎，并给巴勒松留了一张字条，上面只写了一句话："请原谅我，但是我真的爱他。"卡柏是一名受过良好教育的英国人，通过纽卡斯尔的煤炭行业发家致富。他迷恋香奈儿，相信她有成为女帽商的潜能，他推荐书给她阅读，还教她爱上了收藏家具，卡柏在无形中提升了她的文化素养。香奈儿与卡柏住在巴黎，但她明白自己并不是卡柏的唯一，而且，因为自己的出身，自然也不可能同卡柏结婚。起初，香奈儿并不知道，她的女帽生意是由卡柏的资金在支持，不过，当香奈儿发现之后，她开始不知疲倦地工作，很快就还清了债务，因为她绝不愿意成为人们眼中的情妇。当她的生意步入正轨之后，卡柏又建议她进一步扩大规模，并为她提供了选址建议，在他的建议下，香奈儿于1912年在杜维埃、1915年在比亚利兹开设了新店。1918年，卡柏和贵族出身的戴安娜·温德姆女士成婚，香奈儿深受打击。然而，不久后，更大的悲剧降临了：结婚未满两年，卡柏在一起车祸中意外丧生。

女帽商香奈儿

时间：1910年

地点：康朋街21号，巴黎

资助人：卡柏男孩

支持者：艾提安·巴勒松的富人朋友们

有时到了假日，香奈儿会离开孤儿院去看望祖父母，她经常同姑姑路易丝和阿德里安娜坐在餐桌前，给简单的平顶帽或无檐帽缝上单色丝带，阿德里安娜与香奈儿年纪相当，是香奈儿父亲的 19 个兄弟姐妹当中最小的一个。当香奈儿日后搬到霍亚里越庄园和艾提安·巴勒松同住

时，她开始为自己打造简约而低调的女帽，摒弃了"美好年代"的浮夸风格。直觉告诉她，华丽繁复的东西并不适合自己，那些花哨的羽毛、华丽的丝带和夸张的蝴蝶结等当时流行的时尚元素都没有出现在她的帽子上。她设计的帽子很快便赢得了那些经常出入霍亚里越庄园的交际花和女演员的喜爱，她们是一群不受世俗陈规约束的人，成了香奈儿的第一批忠实顾客。香奈儿惊奇地发现，高昂的定价反而能让这些富有的顾客趋之若鹜，她也注意到，从老佛爷百货花一点小钱就能买到的基础款平顶帽，经过简单别致的装饰再转售居然有利可图。最初，香奈儿在巴勒松位于马勒塞尔布大道的公寓里销售她设计的帽子，随着生意越做越大，她于 1910 年在康朋街开设了自己的第一间店铺"Chanel Modes"（香奈儿风尚），按照房东的规定，这间店铺不能卖服装，只能卖帽子。1912 年，女演员嘉柏丽尔·多尔齐亚特佩戴香奈儿制作的帽子登上了戏剧《漂亮朋友》（*Bel Ami*）的舞台，法国的时尚杂志 *Journal des Modes* 为此对香奈儿大加赞赏。

杜维埃

时间：1912年

地点：法国北部海岸的时髦度假胜地

重要影响：香奈儿在此出售时装和帽子

创新：航海风时尚

作为女装设计师，香奈儿希望女性能够拥有选择的自由与行动的自如，她自己就是最好的榜样。香奈儿身形纤细，热爱运动，在与卡柏男孩前往法国的海滨胜地度假时，她会在沙滩上消磨数个小时，打打网球或是在波光粼粼的大海里游泳。在卡柏男孩的鼓励和资助下，香奈儿在杜维埃开设了她的第一间服饰店。这座海滨小镇吸引了无数富有的游客，而

且拥有世界知名的赛马场，是香奈儿开店的绝佳之地。她将店铺开在贡托 –
比隆路，她设计的衣服非常舒适，是一种全新的女装风格，除了优雅的帽
子，还有便于行动的休闲服装，更适合轻松的海滨生活。香奈儿早期的现代
主义设计逐渐成为时代的典范，宽松的束腰开襟衫、飘逸的半身裙与裤装演
变为她的代表作。香奈儿经常在码头旁看到一些诺曼底地区的渔民，她将
渔夫的工作服全新演绎成适合现代女性穿着的服装，以 Jersey 针织面料制作
休闲风格的条纹衫和阔腿裤。香奈儿很快意识到新店宣传的重要性，因此她
让美丽的小姑姑阿德里安娜和她的妹妹安托瓦妮特穿上她设计的随性而优
雅的服饰，她们每天以不同的造型在海淀栈道漫步，展现一种全新的时髦
风格，令在杜维埃度假的女士们心动不已，纷纷询问在哪里可以买到这些
服饰。

沙滩装

时间：1913—1915年

地点：杜维埃和比亚利兹

面料：Jersey针织面料

重要影响：女性服装的解放

实用的运动服装是香奈儿早期的创新之作。她认为，女性也应该与男性一样，享有同等的自由，能够穿着便于行动且没有束缚的舒适服装。香奈儿热爱户外运动，她擅长骑马、网球、高尔夫球，还会经常去海里游泳。同她的许多创意一样，她都是以自己需求和喜好为出发点，从而激发了她的商业设计灵感。她在海滨度假胜地杜维埃开设的服饰店中，史无前例地推出了一系列

以 Jersey 针织面料制作的单品，包括飘逸的长款开襟衫、休闲半身裙及灵感源自工装的简约上装，都是休闲沙滩装的绝佳选择。当时，拥有白瓷般的肌肤是上流社会和美丽的标志，然而，香奈儿推崇健康的肤色，在她的推动下，日光浴蔚然成风。20 世纪 20 年代，香奈儿推出了条纹泳衣套装，一般包含一条及膝短裤和一件背心，相比世纪之交的维多利亚风格灯笼裤，她设计的服装显得更加鲜活。虽然 Jersey 针织面料沾水之后会变沉，且不利于游泳，但是这种泳衣引领了前卫思潮通过露出肌肤达到美黑的效果。早在 1918 年，香奈儿就穿上了自己设计的沙滩睡衣，上流社会的时髦女性纷纷效仿，引发新的风潮。这种优雅的阔腿裤通常以亚麻或丝缎制作，是完美的沙滩装，从 20 世纪 20 年代开始，最富魅力的女性纷纷以这样的打扮现身于法国蔚蓝海岸的高级度假胜地。

比亚利兹时装屋

时间：1915年

建筑：带有塔楼的四层别墅

地点：沙滩与赌场的对面

时尚里程碑：香奈儿的首家时装屋

　　第一次世界大战时期，卡柏男孩应征入伍，成为一名英军上尉，尽管兵荒马乱，但 1915 年，他还是带着香奈儿去了巴斯克海岸的比亚利兹度假，在皇宫酒店享受周末时光。比亚利兹邻近第一次世界大战中立国西班牙的边境，似乎没有受到战争的影响，深受富裕的欧洲贵族与皇室成

员喜爱，卡柏男孩认为这里是香奈儿扩张生意的绝佳之地。香奈儿在沙滩和赌场之间发现了一座气派的庄园，于是在那里开设了自己的首家时装屋，服务于那些沉迷购物以逃避现实的顾客。这一时期，女性的生活正在发生巨大的变化，战争的动荡让人始料不及，面料供应出现短缺，但是香奈儿意识到新的环境需要新的奢华，她别出心裁，使用柔软的 Jersey 针织面料制作出时髦的运动服装、简约的罩衫式连衣裙、开襟衫、裙裤与背心。这种面料有时虽然不易处理，但是具有绝佳的垂坠感，能带来舒适的穿着体验。多年来，僵硬的服装一直限制着女性的行动，而香奈儿的设计灵动飘逸，成为时尚标杆，大量订单从西班牙皇室与那些流亡到比亚利兹的俄国贵族处涌来。香奈儿特意让她的妹妹安托瓦妮特从巴黎赶来帮忙一同经营这家时装屋，在战争接近尾声时，香奈儿的生意已经非常成功，雇用了 300 名员工才能满足顾客的需求。

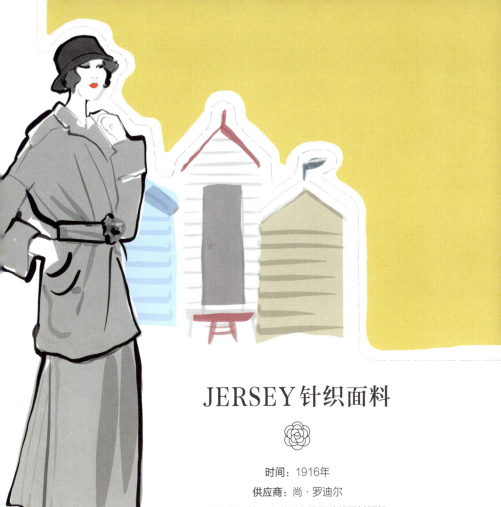

JERSEY 针织面料

时间：1916年

供应商：尚·罗迪尔

催化剂：第一次世界大战导致的面料短缺

重要影响：为身体松绑

战争期间，时局艰难，浮华的装扮似乎不合时宜。在香奈儿看来，时尚当然需要一次彻底变革。此时，许多面料都无法进货，香奈儿抓住机会，使用了唯一还能买到的面料——Jersey 针织面料。从此这种面料得以跻身时尚殿堂，正如她之后同保罗·莫杭所说："不知不觉中，我就提供了简单、舒适与整洁。"Jersey 针织面料的启用始于杜维埃，当时她为了御寒，穿上了一件超大款的男士毛衣，再在腰间松散地系了一条围巾，就这样创造出了一条极具

现代感的休闲"连衣裙",香奈儿借此取得了最初
的成功。当时,Jersey 针织面料专门用于制作男装,
比如男士内衣、运动衫和男生校服,人们认为它不
适合用于女装或连衣裙。香奈儿别出心裁,先用这
种具备绝佳垂坠感的面料做了沙滩装,随后又做了
舒适的日装和晚装,不用内搭紧身胸衣。她的创举
堪称时尚史上的革命性时刻。香奈儿从当时的主要面料
生产商尚·罗迪尔处购买了一批廉价的 Jersey 针织面料,
这批面料的质地不适合做内衣,因此一直没能卖出去。
不过,香奈儿认为,这批面料色彩柔和、质地柔软,非常
适合制作长及胯部的开襟衫、直裁罩衫和水手衫。当时,由于食物定量配给,
女性的身材变得更加纤细,需要一种新的着装风格,这些服装就是香奈儿专
为她们设计的。她创作的运动服饰如此优雅,就算没有紧身胸衣,也能起到
修身效果,在商业上大获成功,令她声名鹊起,*Vogue* 杂志曾断言:"她所做
的一切都是新闻头条。"

波波头

时间：1917年

催化剂：女性的解放

事件背景：一次无心插柳的成功

灵感来源：柯蕾和先锋派舞蹈家凯莉亚西丝

多年的战争打乱了富裕阶层女性的生活，进一步加速了女性的解放。这些女性不再有成群的女仆伺候她们梳妆打扮，她们需要寻找一种更简单的造型，更适合那些应运而生的新机会。女性们不再需要得到许可才能独自外出，当汽车取代了马匹和马车，长度更短、便于行动的实用主义

半身裙成为女性的首选。香奈儿就处于这场时尚革命的最前沿，她代表一种年轻的新型现代主义，是女性争先模仿的对象。1917 年，香奈儿首次尝试短发。1945 年，她在接受保罗·莫杭的采访时说，剪短发是因为长发"太烦人了"。后来，香奈儿给好友克劳德·德雷讲了另一个故事，她说这完全是一个意外。此前，香奈儿长发及腰，通常会把秀发编成辫子盘起来。有天晚上，她打算去歌剧院，正在梳妆时，碰翻了浴室里的燃油灯，从而引发了一场迷你爆炸，将她的头发烧焦了，无奈之下，她只得把辫子剪掉。爆炸后留下的灰尘还弄脏了香奈儿的白裙，不过，这完全无法阻止她出门的步伐，她匆匆换上了一袭简约的黑色连衣裙，并首次以波波头的短发造型露面。歌剧院里，所有人都在欣赏和夸赞她美丽的颈部曲线，她意外的不得已之举，令这种男孩子气的发型在女性中流行了起来。

米西亚·塞特

时间：1917年

职业：天才钢琴家、艺术家的缪斯、慈善家

关系：香奈儿棋逢对手的朋友

重要影响：为香奈儿引荐了巴黎所有的优秀艺术家

香奈儿曾如此形容她最亲密的女性朋友米西亚·塞特："她总是感到无聊，但她从不会使人无聊。"在两人长达 30 年的复杂友情之中，米西亚·塞特一直影响着香奈儿。

米西亚·塞特，原名玛丽亚·索菲娅·奥尔加·泽内达·哥德斯卡，

1872年出生于圣彼得堡。魅力非凡的米西亚在20世纪初资助了巴黎的艺术家、音乐家和作家，她美丽的身影永驻于画家博纳尔、维亚尔、图卢兹－罗特列克和雷诺阿的作品中。1917年，米西亚在女演员塞西尔·索雷尔举办的晚宴上与香奈儿一见如故，晚宴结束时，米西亚盛赞了香奈儿当天穿的天鹅绒大衣，香奈儿当即将大衣送给了她，两人的友谊由此开启。米西亚和她的第三任丈夫荷西·马利亚·塞特一直都是香奈儿的忠实拥趸，陪她度过未来的风风雨雨。塞特夫妇前往意大利度蜜月时，邀请香奈儿同行，旅途中，香奈儿偶然得知塞吉尔·迪亚吉列夫的芭蕾舞团遭遇了财务困难，她决定秘密资助30万法郎，促成芭蕾舞剧《春之祭》（*The Rite of Spring*）的重新上演，不过，她要求不能将此事透露给米西亚。得到艺术界的接纳之后，香奈儿开始与尚·考克多以及巴勃罗·毕加索等人有了密切的合作，这让喜欢掌控身边所有人的米西亚·塞特感到些许嫉妒。尽管香奈儿和米西亚·塞特之间不乏争吵，但当米西亚于1950年过世时，香奈儿仍亲自操办了她最好朋友的葬礼。

裤装

时间：1918年

地点：杜维埃、比亚利兹和威尼斯

面料：Jersey针织面料、生丝和亚麻

香奈儿的许多设计创意都源于自己的喜好，她喜欢实穿的衣服，去除不必要的装饰。战争期间，许多女性开始外出工作，需要实用且耐穿的工作服，如裤装。但当时，人们认为裤装对女性而言，既不得体，也不时尚，是香奈儿赋予现代着装以全新定义，改变了人们对舒适服装的看法。德国轰炸巴黎，女性不得不逃到地下室避难，需要便于穿脱的服装。香奈儿善于把握时机，总能快速洞察女性的需求，善于提供

顺应时代潮流的时尚方案。此次，她在康朋街的店铺里以高级时装的价格销售 Jersey 针织面料制作的宽松裤装，引发了新的潮流。从 20 世纪 20 年代开始，香奈儿口中的"沙滩睡衣"引发了一股热潮，其原型就是男士睡衣，但是使用了各种奢华面料。经常有人拍摄到香奈儿穿着自己设计的度假风白色裤装现身海边，直到数年之后，女性穿着裤装进入社交场合才被视为是可接受的。

皮草

时间：1918年

催化剂：供暖燃料短缺

来源：兔子

用途：装饰袖口、帽子及衣领

战争年代，很多常用的材料都出现了短缺，女装设计师们开始另辟蹊径。巴黎的生活笼罩于阴霾之中，天寒地冻，煤炭价格飙升（卡柏男孩的财富亦随之攀升），为了在保暖的同时保持魅力，女性将目光投向了皮草。香奈儿偏爱南美栗鼠或俄国黑貂等奢华的动物皮毛，却迫于无法

进口而放弃。幸而她思维敏捷，善于解决问题，很快便找到了新的方案：使用价格便宜许多的替代品，也就是她所谓的"最廉价的动物皮毛"。香奈儿用兔毛代替了那些昂贵的动物皮毛，她将兔皮精心裁成细条，以装饰她设计的 Jersey 针织面料修身服装的下摆和衣领，赢得了 *Vogue* 杂志的盛赞："香奈儿的皮草边饰 Jersey 针织面料连衣裙令她日进斗金。"对于负担不起全裘皮大衣的女性来说，那些皮草镶边的帽子、暖手筒、衣领、手套和袖口就是最时髦的选择，不过，至于这些皮草究竟源自什么动物，她们最好不要刨根问底。虽然香奈儿并不喜欢猴类的皮毛，但是这种独特的动物皮毛颜色深沉、质感蓬松，很有辨识度，彼时的其他设计师，比如伊尔莎·夏帕瑞丽，经常会用猴类的皮毛制作小件物品的饰边。

康朋街 31 号

地点：巴黎第一区
建造时期：18世纪
建筑风格：古典主义
楼层：6层

巴黎第一区，在法语当中通常称作 "premier" [1]，是这座 "光之城" 的心脏，也是法国首都历史最悠久的地区之一，拥有巴黎最美丽的著名建筑，比如卢浮宫和杜乐丽花园。香奈儿品牌总部所在的康朋街 31

---

[1]　意为 "第一"。

号尤其值得一提，它很可能是最时尚的地标建筑。第一次世界大战期间，香奈儿先后于杜维埃（1912）和比亚利兹（1915）开店，在海滨地区避难的富有女性经常光顾那里，生意十分兴隆。1918年，香奈儿的雄厚资金足以支持她进一步扩大商业版图。香奈儿原先在巴黎的店铺位于康朋街21号，后来她发现了同一条街31号的一栋6层建筑，就买了下来，这栋宏伟的联排建筑至今仍是香奈儿品牌的中心。买下这栋房产之后，香奈儿一如既往地挥洒创意，将它变成了一座综合性的现代精品店及高级定制服之家，不仅销售最新的时装和帽子，同时为顾客提供配饰、香水、珠宝和她全新推出的美妆产品。香奈儿的寓所在高级定制服沙龙的楼上，不过她从不在那里就寝，而是穿过马路回到自己在丽兹酒店的套房。康朋街31号的寓所至今仍完全保留着当初的样子，里面摆放着香奈儿著名的中国乌木漆面屏风、优雅的沙发和精美的古董家具，这处寓所诠释了何为典雅，一如香奈儿品牌的设计。2013年，法国文化部将这间寓所和建筑内的镜梯列为历史遗迹，以彰显它们对法国的重要意义。

剪刀

时间: 1919年

重要影响: 令剪刀成为一种个人象征

地点: 丽兹酒店的床头柜及康朋街寓所

佩戴方式: 香奈儿日常将剪刀挂在胸前

每天, 香奈儿都在康朋街的工作室里辛勤工作, 手中挥舞着剪刀。称手的剪刀是她工具箱里最重要的存在, 如同 2B 铅笔之于其他设计师一样。香奈儿并不习惯把自己的设计画到纸上, 而是直接在面料上裁剪, 先用白坯布出样, 再用她挑选出来的独特面料。香奈儿是个完美主义者, 她会花好几个小时在人形模特身上试装, 只为将袖管改到自己满意为

止。她喜欢边抽烟边工作，用一条丝带将剪刀挂在胸前方便随时使用。除了像奖牌一样挂在胸前的"收藏版剪刀"，她还收藏了镀银的剪刀与制作精美的诺让（Nogent）①折叠剪刀，就放在寓所的乌木桌上。在与挚友克劳德·德雷交谈时，香奈儿提起了这些剪刀对她的重要性，并且说，如果要为自己设计家族纹章，她肯定会在上面加上剪刀作为象征符号。香奈儿从未经过正规的培训，工作时全凭直觉，她用手指抚平碍眼的褶皱，用剪刀裁掉多余的部分，以飞快的速度游刃有余地处理着面料，力求赋予每件作品低调的优雅。漫长的一天结束后，工作室里的雷蒙德女士会把剪刀取下来放好，以备第二天使用。这是香奈儿一生都遵循的工作仪式。

---

① 诺让，以制造刀具而闻名的法国小镇。

威尼斯

时间：1920年

旅伴：米西亚·塞特和荷西·马利亚·塞特夫妇

文化收获：意大利艺术和威尼斯建筑

重要影响：香奈儿结识了塞尔吉·迪亚吉列夫

塞特夫妇是香奈儿的朋友，出于彼此深厚的友情，两人坚持邀请香奈儿随他们一起去意大利度蜜月，帮助她排解失去卡柏男孩的悲伤。他们乘坐邮轮沿着亚得里亚海的海岸旅行，第一站抵达威尼斯，香奈儿迷上了这座具有历史底蕴的水上之城所展现的纯粹美感。荷西·塞特，昵

称"荷荷",是一名引人注目的加泰罗尼亚 ① 艺术家,保罗·莫杭在《香奈儿的态度》(*The Allure of Chanel*)一书中形容他是"一位理想的旅伴,总是有着好心情"。荷西非常乐于为香奈儿讲解威尼斯多种多样、美轮美奂的建筑风格,令她大开眼界。他还介绍了拜占庭、哥特及文艺复兴建筑之间的差异,讲述这座城市隐藏的秘密;在教堂里欣赏丁托列托和提香的画作时,他剖析了画中那些美得惊心动魄的色彩。宏伟的祭坛十字架及圣马可教堂金碧辉煌的马赛克镶嵌图案,都给香奈儿留下了深刻的印象,成为她未来创作的灵感之源。威尼斯在香奈儿的人生中意义非凡,此后她多次故地重游,在丽都海滩与时髦的人们一起享受时光,或是身着一袭优雅的白色亚麻衣服,在圣马可广场的弗洛里安咖啡馆里小酌一杯鸡尾酒。正是在塞特夫妇的蜜月之旅中,米西亚把香奈儿引荐给了俄国芭蕾舞团的创办人、经理人兼艺术总监塞尔吉·迪亚吉列夫,随后两人有过多次成功的合作。

① 西班牙的一个地区,因艺术而闻名。

狮子

时间：1883年8月19日

灵感来源：香奈儿的星座——狮子座

重要影响：影响了香奈儿生命中的重要决定

用途：狮头图案装饰于镀金纽扣

香奈儿的生活方式，以及许多凭直觉做出的商业决策，都受到了星座、宗教符号和命理的影响。她对命理学深信不疑，会收藏幸运符，也沉迷于星座，她曾坦露："我喜爱所有高高在上的事物，譬如天空，譬如月亮，我相信星星。"香奈儿是狮子座，这是黄道十二宫的第五个星座，

她执着于自己星座的象征意义，经常在创意设计中使用数字"5"和狮子座符号。卡柏男孩不幸去世之后，香奈儿倍感孤寂，只得和朋友塞特夫妇前往威尼斯散心。在那里，她深深地着迷于宏伟庄严的飞狮雕塑，飞狮骄傲地俯瞰着圣马可广场，守护着这座城市。香奈儿从遍布威尼斯门环、旗帜与军械库外墙的雄狮图腾中找到了慰藉，发现了内心的力量，逐渐重拾破碎的信心。回到巴黎后，香奈儿在寓所内摆放了大小不一的狮子雕塑，以庇佑自己，也象征着她继续前行所需的勇气。香奈儿在许多系列作品中都融入了狮头元素，用其装饰自己喜爱的分量感十足的镀金纽扣，或是将其演绎为精美的胸针。

俄罗斯芭蕾舞团

创办时间：1909年

地点：巴黎

重要影响：见证了香奈儿和塞尔吉·迪亚吉列夫的友谊，以及香奈儿对他的资助

专业角色：香奈儿开始为芭蕾舞剧设计戏服

20世纪初，伟大的艺术经理人塞尔吉·迪亚吉列夫带着他的俄国舞蹈演员们来到巴黎，整座城市都沉醉于他的"魔法"之中。俄罗斯芭蕾舞团演出了一系列先锋派剧目，全新的表演风格坚定有力，轰动一时。迪亚吉列夫个性张扬，是米西亚·塞特的朋友，1920年经她引荐认识了香奈儿。在切断了与圣彼得堡之间的联系后，迪亚吉列夫与他的舞团以巴

黎为据点，在欧洲巡回演出，尽管赢得了评论界的赞誉并且大获成功，却一再陷入财务危机。香奈儿私下资助了迪亚吉列夫 30 万法郎，促成芭蕾舞剧《春之祭》的重新上演，两人因此结下了终生的友谊。香奈儿也多次以设计师身份与迪亚吉列夫的舞团合作。迪亚吉列夫在他的实验性作品中融入了舞蹈、音乐、诗歌和雕塑等多种艺术元素，这种大胆的创作理念与香奈儿对创新和变革的渴望不谋而合。在迪亚吉列夫的引荐下，香奈儿加入了考克多、毕加索、布拉克、斯特拉文斯基与萨蒂组成的艺术家圈子。尽管香奈儿的地位和财富不断攀升，她始终是迪亚吉列夫忠实而慷慨的朋友，为助力他的事业而举办各种派对以扩大影响力。当迪亚吉列夫在威尼斯一病不起时，香奈儿立刻赶到了他的病榻旁。1929 年 8 月 19 日，迪亚吉列夫去世，这一天恰好是香奈儿的 46 岁生日。香奈儿和米西亚·塞特跟随送葬的贡多拉前往圣米凯莱岛，那是威尼斯的一处公墓，两人遵从迪亚吉列夫的遗愿，都是一身素白为他送行，香奈儿还负担了葬礼的所有费用。

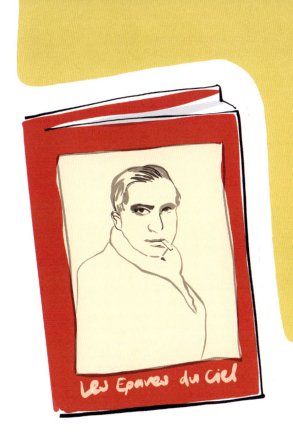

皮埃尔·勒韦迪

时间：1920年

身份：存在主义诗人

重要影响：鼓励香奈儿写下自己的语录

　　纵览香奈儿的一生，她曾经与很多男士有过交集，其中，已婚的法国诗人皮埃尔·勒韦迪或许是最神秘的。1920年，经米西亚·塞特介绍，勒韦迪加入了马克斯·雅各布、巴勃罗·毕加索与乔治·布拉克组成的蒙马特艺术圈。虽然勒韦迪与香奈儿通常喜欢的类型截然不同，但是两人一见倾心。勒韦迪是一个自相矛盾的人，作为一名虔诚的宗教信徒，他出

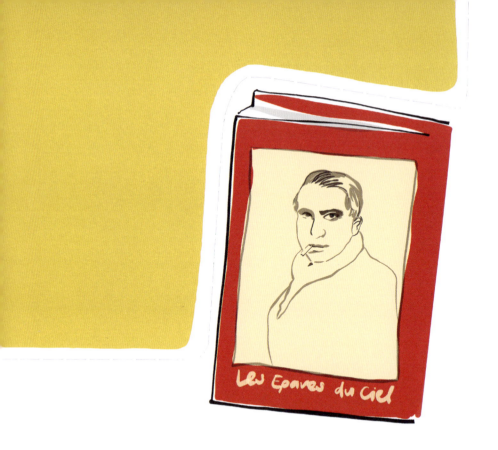

Les Epaves du Ciel

版过数本抒情诗集，并且公开反对上流社会的纸醉金迷，却又搬进了香奈儿在圣·奥诺雷街的豪华宅邸，也接受了她的资助。不管怎样，两人之间有着深深的羁绊。勒韦迪致力于追寻精神上的真理，这与香奈儿内心深处的孩子气相契合，让她回想起曾在朴素的修道院度过的童年时光。勒韦迪曾将自己的手稿致献给香奈儿，也曾为她列出详细的阅读清单，鼓励她写作。当法国版 *Vogue* 杂志邀请香奈儿谈谈自己的商业理念时，她写下了一系列智慧而风趣的想法，她曾多次以这种形式为世界各地的杂志供稿。广为人知的"香奈儿语录"提及了时尚、爱情与生活，直言不讳的表达彰显了简练而诙谐的文风，大获赞赏。香奈儿能写出这些言简意赅的格言警句，少不了勒韦迪的帮助。1926 年，勒韦迪决定搬去萨尔特省的本笃会修道院避世独居，两人保持着长达 40 年的友谊，香奈儿知道，无论何时遇到坎坷，她都可以寻求勒韦迪的慰藉。

珍珠

时间：1920年

来源：情人的馈赠

重要影响：令服饰珠宝成为流行

历史遗产：香奈儿品牌的标志元素

香奈儿认为珍珠是幸运的象征，在事业巅峰时期，她通常会层叠佩戴数串珍珠项链。香奈儿喜爱珍珠的光泽，它们莹润的光泽能够映衬并提亮古铜色的肌肤，配上她最爱的黑色，很有视觉张力。香奈儿的爱慕者均家境殷实，赠予她不少珍贵礼物，以博取她的欢心。香奈儿推己及

人，相信没有人能够拒绝珍珠的魅力，不过她也知道，大多数女人负担不起这种昂贵的珠宝。于是，她决定推出人造珍珠项链，如此一来，她的女性顾客就能为自己购买美丽的珠宝了。香奈儿将人造珍珠串成长长的项链，化作引人注目的珠宝，此后，珍珠项链成为香奈儿及其品牌的标志。香奈儿的着装低调优雅，她通常会为之搭配令人惊艳的醒目珠宝，比如精美的胸针、珐琅材质的铸式手镯与数串珍珠项链，随着她的一举一动而叮当作响。有人认为珠宝要在重要的场合才能佩戴，香奈儿则不同，她会用珍珠搭配打猎时穿的 Argyll 菱格毛衣。她认为，这些珠宝映衬着她晒成古铜色的肌肤，显得美丽绝伦。香奈儿曾告诉保罗·莫杭："纯白无瑕的耳环戴在古铜色的耳垂上，让我心醉神迷。"她常常会将平价的人造宝石与贵重的宝石混搭，引领了新的潮流，让那些富有的顾客们争先仿效。

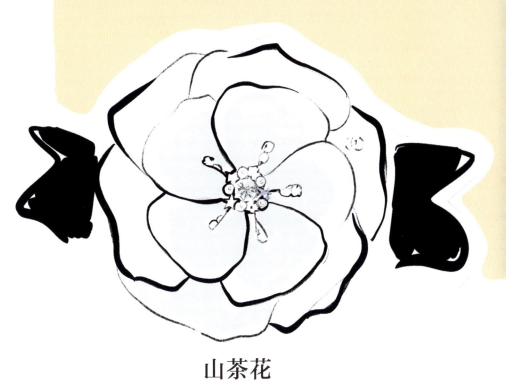

山茶花

时间： 20世纪20年代

灵感来源： 亚历山大·小仲马的小说《茶花女》

重要影响： 永恒之爱

历史遗产： 香奈儿品牌的标志元素

整体而言，香奈儿的设计美学是精炼的极简主义，不过她善于点缀一些独具亮点的细节，令它们成为极具辨识度的品牌标志元素。白色山茶花就是香奈儿最喜爱的元素之一，作为象征符号反复出现在她的作品中。香奈儿以非凡创意全新演绎这朵花，或是将它做成装饰，或是将它化为繁复的印花。20世纪20年代，那些时髦绅士喜欢在纽扣的扣眼里别上一

朵山茶花，这种做法源于 1852 年亚历山大·小仲马根据自己的小说《茶花女》(*The Lady of the Camellias*) 改编的同名戏剧，这部戏剧在巴黎引发了极大反响，1936 年，葛丽泰·嘉宝主演的好莱坞电影《茶花女》也大获成功。白色山茶花，也叫椿花，据说象征永恒的爱，从 20 世纪 20 年代开始出现在香奈儿的系列作品之中。这朵来自异域的花，花瓣繁多，紧密交叠，呈现完美的对称形状，并且没有任何香气，不会和香奈儿 5 号香水产生冲突，这也是香奈儿选择它的另一个原因。香奈儿喜爱黑与白带来的视觉冲击力，通常将山茶花和她最爱的黑色搭配在一起，将这一抹白色发挥到了极致。山茶花可以作为胸前花饰，也可以点缀简约的平顶帽，或是别在外套的翻领处。20 世纪 30 年代，香奈儿将山茶花演绎成了风格化的面料印花；1938 年，Gripoix 琉璃工坊根据山茶花的完美花形制作了一条精美的琉璃项链。

恩尼斯·鲍

时间：1920年

职业：俄裔调香师

重要影响：协助香奈儿创作5号香水

香奈儿曾经有一段时间深受斯拉夫式的浪漫魅力影响。她与伊戈尔·斯特拉文斯基和塞尔吉·迪亚吉列夫相交甚笃，还与俄国大公狄米崔·帕夫洛维奇有过一段恋情。那时候她的创作中有很多以俄国农夫的传统服装 *Roubachkas* 为灵感的作品。当香奈儿与法籍俄裔调香师恩尼斯·鲍结识时，他正好40岁，恩尼斯的童年时光在圣彼得堡度过，后来他

在莫斯科的拉莱香水公司工作。遇见他之后，香奈儿开启了一个新项目，彼时她尚且不知这个项目将为她带来超乎想象的巨额财富。恩尼斯·鲍曾经应征入伍，凭借在第一次世界大战期间的军事表现，荣获法国的英勇十字勋章及荣誉军团勋章，还曾以反间谍人员的身份荣获英国的军功十字勋章。1919年，恩尼斯·鲍在蔚蓝海岸的山间小镇格拉斯创建了自己的香水工厂，他也是在那里结识了香奈儿。当时，香奈儿已经非常清楚自己想要什么，每天和鲍一起在实验室里埋头工作，她敏锐的嗅觉给鲍留下了深刻的印象。为了提升配方的稳定性，鲍将天然原料和现代化学合成物乙醛融合在一起，从而调配出世界上最著名的香水——香奈儿5号。最初，这款香水只生产了100瓶，作为圣诞礼物回馈忠实顾客，后来却获得了意想不到时的巨大成功。1924年，香奈儿香水公司成立，鲍被任命为品牌的专属调香师。

香奈儿 5 号香水

时间：1921年

创造者：嘉柏丽尔·香奈儿/恩尼斯·鲍

香调：五月玫瑰、茉莉、依兰依兰与檀香

使用者：凯瑟琳·德纳芙，玛丽莲·梦露

1920 年夏天，香奈儿决心要打造一款香水，这款香水将不同于市面上流行的所有花香调香水，她的情人狄米崔·帕夫洛维奇大公出身俄国贵族，向她引荐了著名的法籍俄裔调香师恩尼斯·鲍。鲍的公司位于普罗旺斯南部的格拉斯小镇，这里素有世界香水之都的美誉，香奈儿来

到这里与鲍一起创作自己的香水。鲍在调制香水时史无前例地加入了人工合成的乙酸和乙醛，令天然原料所散发的精妙香气变得更加馥郁、更加持久。香奈儿嗅觉敏锐，对香水也有独到的见解，她经常引用诗人保罗·瓦莱里的名言："不会用香水的女人没有未来。"香奈儿非常清楚自己不喜欢什么样的香水。她试闻了一系列带有编号的样品，选中了编号为 5 的那一支。这支样品中的香水包含 80 多种不同成分，比如橙花、五月玫瑰以及大量价格不菲的茉莉，如此奢华的配方生产成本将高得令人望而却步。虽然鲍对此有所担忧，但香奈儿说："我要创造世界上最昂贵的香水。"她为这款香水设计了形似药剂瓶的透明玻璃瓶，瓶身上贴着"N°5"的标签，彰显极具现代感的前卫风格。次年，这款香水率先在香奈儿的精品店里发售，很快就成为世界上最成功的香水。据说，20 世纪 50 年代，好莱坞的魅力影星玛丽莲·梦露曾对媒体透露，自己只穿香奈儿 5 号入睡，在这句名言的助推下，香奈儿 5 号的全球销量突飞猛进。

巴洛克

时间：1921年

地点：康朋街31号

催化剂：1920年的威尼斯之旅

重要影响：华丽的室内装潢与极简的时尚风格

香奈儿为女性设计的现代服装低调而简约，她位于康朋街31号的寓所则截然不同，这间寓所坐落在高级定制服沙龙的楼上，宛如藏宝之地，布满璀璨闪耀的艺术品。步入这间宽敞的寓所，首先映入眼帘的是两座文艺复兴时期的威尼斯人雕塑，它们与真人等高，优雅地迎接着宾

客，房间里装饰着大量精美绝伦的艺术品，让人目不暇接，对立却和谐的风格彰显了女主人与众不同的个性。虽然儿时的香奈儿并未受过良好的教育，但在塞特夫妇的熏陶下，她很快弥补了艺术、音乐和文学领域的知识空白。与他们同游意大利时，香奈儿爱上了华丽而神秘的威尼斯。在香奈儿的寓所里，水晶枝形吊灯与令人震撼的巨型巴洛克镜子交相辉映，厚重的皮革装帧书籍布满整面墙的书架，日本佛像与非洲吹笛女孩雕像并肩而立，达利的画作《麦穗》被置于高处俯瞰着室内。质感柔软的麂皮沙发令香奈儿感到安心，与暗金色的墙面饰板相呼应。桌案上摆满了狮子雕塑、塔罗牌和珐琅首饰盒，每个房间都有 18 世纪的中国乌木漆面屏风，香奈儿深深着迷于这些有着天堂鸟、瀑布及她最爱的山茶花的屏风，她经常移动屏风的位置，以此改变屋内的布局，她会以屏风遮住寓所的房门，可能是因为终其一生，她都害怕孤独。

双 C 标志

时间：1921年

灵感来源：众说纷纭

重要影响：众所周知的品牌标志

19 21年，相互交叠的双 C 图案首次出现在 5 号香水的瓶盖上，这个符号极具辨识度，从此成为香奈儿这一奢华品牌的标志。这个人尽皆知的图形标志简单明了，无须多加解释，就能呈现一个充满格调的魅力世界，而可可·香奈儿本人就是它的化身。这一迷人的品牌标志到底源于何处，众说纷纭，简简单单的设计却取得如此巨大的成功，背后很可能有

多重灵感。香奈儿品牌推测，法国王后凯瑟琳·德·美第奇在位时曾用双 C 作为自己名字的首字母缩写，香奈儿可能非常喜欢这段历史故事。另一种说法是，西都会风格奥巴辛修道院玻璃窗上环形装饰图案可能是灵感来源，香奈儿的童年在那里度过。又或许，正如贾斯迪妮·皮卡蒂在《可可·香奈儿的传奇一生》（ Coco Chanel: The Legend of the Life ）一书中所写，背靠背交织在一起的双 C 也许是为了永远怀念香奈儿的挚爱，那个英俊的卡柏男孩。卡柏在香奈儿创业的初期给予她资助，但他无法不顾香奈儿低微的社会地位而许下婚姻的承诺，著名的双 C 可能正是代表了这对情侣之间的关系，虽然难舍难分，却依旧背道而驰。这一品牌标志出现在纽扣、珠宝和手袋上，永远彰显着可可·香奈儿与生俱来的魅力。

珠饰

日期： 1922年

材料： 玻璃珠饰与金线刺绣

材料生产商： KITMIR刺绣工作室

重要影响： 俄国文化对香奈儿的影响

　　香奈儿与俄国大公狄米崔·帕夫洛维奇的恋情，令她迷上了斯拉夫文化，并且意识到这种文化的商业潜力。塞尔吉·迪亚吉列夫和伊戈尔·斯特拉文斯基是香奈儿的好友，他们已经成功地进入了巴黎的艺术，向巴黎人民呈现了一个幻想中的圣彼得堡。受两人的影响，香奈儿开始将俄国农夫的传统服装演绎成更加现代的作品。结识了狄米崔大公的姐姐女大公玛丽亚·帕夫洛娃之后，香奈儿委托正在找工作的女大公用管珠和刺绣

装饰简约的服装。帕夫洛娃买了一台缝纫机，很快就学会了如何用它制作精美的刺绣，还招募了一些流亡的俄国侨民加入她的 KITMIR 工作室。香奈儿仍旧沿用了深色系，借鉴了一些简约的俄国传统服装，比如粗纹直筒连衣裙、工装马甲与传统 Roubachka 风格衬衫等，然后再点缀精致的珠饰和繁复的刺绣等装饰细节。KITMIR 工作室擅长重工钉珠，在垂顺的直筒连衣裙上手工缝制黑玉珠刺绣图样，20 世纪 20 年代中期，这种满幅刺绣水晶珠饰或亮片的"摩登女郎"直筒连衣裙成为香奈儿的标志性作品，也是爵士年代的代表性服装。这一时期，香奈儿的时髦顾客们为了打发时间，经常出席各种派对，这种有着不对称裙摆的连衣裙专为跳舞而生，裙上的玻璃珠饰在舞池中摇曳，耀眼而夺目。

巴勃罗·毕加索

时间：1922年

引荐人：尚·考克多与皮埃尔·勒韦迪

关系：香奈儿的朋友及合作者

重要影响：毕加索的认可提升了香奈儿的艺术地位

　　巴勃罗·毕加索和香奈儿都是巴黎先锋派艺术圈中的成员，20 世纪初期，他们在各自的领域引领了一场现代主义革命。毕加索是抽象派艺术的开创者之一，香奈儿则在现代服装领域引发了重大变革，两人个性十足，他们的现代主义理念在艺术界和时尚界产生了巨大的影响。两人

经共同的朋友诗人皮埃尔·勒韦迪的引荐而相识，不仅成为朋友，随后也进行过合作，共同参与了多部戏剧项目。1922 年，两人在尚·考克多编剧的先锋派舞台剧《安提戈涅》(Antigone) 中首次合作，毕加索负责布景设计，而香奈儿负责戏服设计。这部希腊悲剧的反响不佳，毕加索设计的面具和盾牌饰有风格化的希腊图案，让人联想起忏悔节时的商店橱窗，不过评论界对香奈儿作为戏服设计师的首秀表示了祝贺。数年后，香奈儿向记者马塞尔·海德里希坦露，虽然毕加索令她"着迷"，不过也让她充满了"恐惧"，她说道："他为斯特拉文斯基设计的布景让我感到有些困惑，我不太明白，怀疑它是不是真的好看。"众所周知，毕加索与女人之间的关系错综复杂，他曾经说："对我来说，只存在两种女人，要么是女神，要么是门垫。"香奈儿出众的艺术才能令她跳脱出这两种桎梏，两人也因此保持了终身友谊。

美容品

时间：1924年

催化剂：出于香奈儿个人的美妆需求

营销方法：从1924年开始，品牌的双C标志出现在所有产品上

香奈儿的创新几乎都是源于自己的需求。从年轻时开始，香奈儿就有意追求与众不同的妆容。她留着黑色的波波头，一双深邃明亮的双眸，与一抹戏剧感十足的魅力红唇相得益彰，这种风格很适合她，随后成为香奈儿女士著名的标志性形象。1924年，香奈儿首次推出了极具有代表性的红色唇膏，唇膏管呈优雅的乳白色，但她很快对生产和包装进行了升

级，采用了伸缩管，并印刻了字母 C 装饰。同年，香奈儿还推出了她的首个彩妆系列，包含蜜粉与三支不同颜色的唇膏。彼时富裕阶层的女性认为白皙的肌肤和精心打理的头发是美的典范，反映了她们富有而悠闲的生活。香奈儿与她们截然不同，热爱运动的她有着古铜色的肌肤，散发着健康的光泽。直觉告诉香奈儿，长时间暴露在阳光下的肌肤需要保护，于是在 1932 年，她推出了一系列防晒产品。从 20 世纪 30 年代早期开始，香奈儿不断扩展美容产品线，推出了润肤油、芳香爽身粉和香皂。她十分清楚，自己推出的这一系列商品令人无比渴望，她为时髦的黑色包装搭配醒目的白色品牌标志，如此设计已然成为这一全球性美妆品牌的视觉标识，所有产品皆采用了科学配方。

芭蕾舞剧《蓝色列车》

时间：1924年

地点：巴黎香榭丽舍剧院

合作者：尚·考克多、巴勃罗·毕加索与亨利·劳伦斯

职业角色：戏服设计师

香奈儿曾有过为塞西尔·索雷尔等女演员设计戏服的经验，因此，当尚·考克多于1922年以现代手法演绎古希腊悲剧《安提戈涅》时，她欣然同意为这部戏剧设计戏服。香奈儿的设计大受好评，两年后，塞尔吉·迪亚吉列夫邀请她加入芭蕾舞剧《蓝色列车》（*Le Train Bleu*）的豪华创作团队。蓝色列车其实是一班夜间列车，将那些富裕的巴黎乘客送往蔚

蓝海岸享受周末的阳光。这部芭蕾舞剧于1924年6月在香榭丽舍剧院进行首演，以轻快诙谐的手法表现了当时的时髦人士，扮演网球选手、高尔夫球员和游泳者的演员通过杂技和现代舞步表达自我。这部剧作的舞台场景由立体主义雕塑家亨利·劳伦斯设计完成，毕加索也同意让技艺精湛的布景师谢尔瓦希泽王子将自己的画作《沙滩上奔跑的两女人》（*Deux Femmes Courant sur la Plage*）做成舞台幕布。香奈儿则负责演员们的服装，不过，她并没有特意为这部芭蕾舞剧设计全新的戏服，而是借用了她为顾客们创作的时髦运动服装。这些针织沙滩装男女皆宜，Jersey针织面料条纹衫与低腰直筒连衣裙惊艳了观众。但是，这种面料结构松散，不利于舞蹈演员在走位的过程中抓紧彼此，所以不适合跳舞。才华横溢的法国传奇网球运动员苏珊·朗格伦总是佩戴时髦的发带，给香奈儿留下了深刻的印象，香奈儿以她为原型，为舞蹈演员布罗尼斯拉娃·尼金斯卡设计了优雅的造型。

中性风格

时间：1925—1929年

发源地：巴黎

特点：短发造型，纤细身材

在美国的演变："摩登女郎"[1]风格

时装的廓形一直在变化，而"中性风格"这种纤细的
全新廓形主要归功于香奈儿。1922 年 7 月，维克托·玛格丽特创
作的畅销小说《假小子》（ *La Garçonne* ）引发了争议。这本书讲述了一个名
叫莫妮可的女孩，打扮得像男孩子一样，留着短短的波波头，经常吸烟，决
意按照自己的方式闯荡世界。这本虚构小说显然与香奈儿的人生有所重合。

① 英文"The Flapper"，指 20 世纪 20 年代着装举止突破常规的年轻女性。

香奈儿蔑视陈规旧俗，希望加速女性的解放，这种理念是她很多风格创新的灵感来源。此外，她也受到了装饰艺术运动的影响，这场运动通过各种建筑和装饰艺术体现了现代主义，引起了广泛的审美变化。香奈儿设计的直筒连衣裙，裁剪精妙，不会露出难看的侧缝，只有非常苗条的女性才穿得上，为了模仿香奈儿的纤细身形，节食蔚为流行。"咆哮的 20 年代"充斥着享乐主义，大西洋两岸的年轻人沉迷于永无休止的酒会与舞会，以此来表达对战前社会观念的反叛。顺应时代的需求，香奈儿为"摩登女郎"设计的珠饰刺绣连衣裙变得越来越短。1923 年，香奈儿邂逅了西敏公爵，这段罗曼史也给她带来了深刻的影响，她曾在系列作品中借鉴了公爵的运动外套与裤装，巩固了中性风格的成功。

栀子花香水

时间：1925年

创造者：嘉柏丽尔·香奈儿/恩尼斯·鲍

原料：栀子花、茉莉及含羞草

香奈儿初次涉足香水领域，创造了香奈儿5号，一经推出即成为最畅销的香水，证明了她有一双点金之手。为了延续辉煌，1925年，香奈儿推出了一款名为栀子花的新香水，广告标语是"栀子花的年轻活力"，广告文案则描绘了南法花园的浪漫景象，盛放的花朵沐浴在月光下，远方传来悠扬的乐声。这款花香调香水采用了与5号香水相似的包装，现代感十足的香水瓶宛如药剂瓶，搭配方形瓶盖，贴有风格前卫的图形标签。栀

子花香水也是在久负盛名的调香师恩尼斯·鲍的实验室里调配出来的。当香奈儿创立香奈儿香水公司时，鲍被任命为公司的第一任专属调香师。栀子花香水的灵感可能源自香奈儿最喜爱的山茶花，这种纯净的花朵因其对称之美而闻名，却没有一丝香气，而栀子花大朵的白色花瓣，像极了山茶花，同时散发着非常怡人的香气，是制作香水的绝佳选择。这款绿色花香调香水最初的配方带有水仙的基调，伴随着乙酸苏合香酯、含羞草和栀子花的清新绿色调，闻上去像花蜜般清新怡人。

小黑裙

时间：1926年

风格：束腰贴身连衣裙

面料：中国绉绸

各种款式的穿着者：亮相红毯的一线明星

1926 年 10 月，美国版 *Vogue* 杂志刊登了一幅插画，展示香奈儿最新设计的黑色中国绉绸连衣裙，并对香奈儿出色的设计大加赞赏，宣称这条裙子将成为"全世界都会穿的连衣裙"。杂志将这条简约而垂顺的裙子称作"福特裙"，意指它如同量产的福特 T 型车一般成功，并预言它将成为全世界女性争相选购的必备单品。事实证明，这一预言非常正确。这条连衣裙采用船领与长袖设计，上半身饰以深 V 褶裥，从肩膀延伸至腰部，下半身的及膝直筒裙

饰以相似的倒 V 褶裥，上下互呈镜像，低调而不失优雅。
无意间，香奈儿创造了"小黑裙"这个词，并永远与之联
结在一起，她的设计启迪了众多不同款式黑色连衣裙的创
作，成为当代时尚的经典必备单品。1926 年，香奈儿推出
了一系列前卫简约的黑色贴身连衣裙，无人知晓她的灵感
源自何处，或许是为了纪念她逝去的挚爱，或许是为了与
设计师保罗·普瓦雷浮夸俗艳的色彩搭配宣战，波烈曾将香
奈儿低调极简的风格称作"奢华的贫穷"以示挖苦。香奈儿是
首位将黑色同时用于日装和晚装的设计师。从 20 世纪 10 年代末开始，她选
用羊毛面料和马罗坎平纹绉制作实用的日装连衣裙，选用雾面丝缎、亮泽丝
缎与绉绸创作时髦的晚礼服，无须任何额外的缀饰。

LA PAUSA别墅

时间：1928年

地点：蔚蓝海岸的洛克布鲁马丁岬

建筑师：罗伯特·斯特莱茨

宾客：尚·考克多、萨尔瓦多·达利与西敏公爵

1928年，香奈儿购置了一块土地，终年阳光充沛，可以远眺地中海波光粼粼的宜人景色。她打算在此建造一座庄园，并将自己的构思告诉了年轻的建筑师罗伯特·斯特莱茨。她要在庄园中央建造一座有着7间卧室的主体别墅，再在周围建造几栋用于招待宾客的附属别墅。香奈

儿让斯特莱茨前往奥巴辛修道院汲取灵感，这座她度过童年时光的 12 世纪的修道院有一种低调的美，这种风格成为 LA PAUSA 别墅的设计基调。最值得一提的是，别墅中位于门厅的石制楼梯与儿时香奈儿每日必经的一段奥巴辛修道院的阶梯如出一辙，四周则是开放式的中央庭院，配有教堂风格的拱形窗户。香奈儿是一位要求严苛的客户，有关这座蔚蓝海岸庄园的房屋和庭院建造的所有细节她都要一一过问，每个月她都会搭乘夜间列车从巴黎前往蒙特卡洛查看工程进度。这座美丽的庄园最终于 1929 年落成，花费了香奈儿数百万法郎，精致考究的装修风格采用了简朴素净的柔和色调。每逢夏季，香奈儿会在此举办一些令整个欧洲津津乐道的派对，受邀前往的宾客有知名芭蕾舞者兼编舞塞尔吉·里法、尚·考克多、萨尔瓦多与加拉·达利两夫妇，还有香奈儿的情人西敏公爵。1953 年，香奈儿将别墅出售。

白色连衣裙

时间：20世纪30年代

面料：丝绸、丝缎和薄纱

催化剂：华尔街股灾

重要影响：柔美风格取代了中性风格

19 26年，香奈儿成功令小黑裙跻身时尚殿堂。此后，她渴望探索白色蕴含的潜能。这种颜色总让香奈儿回想起奥巴辛修道院修女的制服及其纯粹的美感。香奈儿很快意识到，通体纯白的华美晚礼服足以让人惊艳。1946年，她告诉朋友作家保罗·毛杭："我曾经说，黑色包容一切，白色亦然。它们的美无懈可击，绝对和谐。在舞会上，你只会注意到

身穿白色或黑色的女人。"

　　1929 年，华尔街股市崩盘，美国陷入经济大萧条，这反而促使巴黎的设计师们开始探索极致的奢华。20 世纪 30 年代初期，白色及奶油色的丝缎晚礼服成为香奈儿系列作品中的主角，闪耀着夺目光芒。这些奢华的晚礼服专注于耀眼的白色，设计风格一如既往的简洁，引人注目却毫不浮夸。这一时期，上半身的蝴蝶结装饰与低腰露背的造型是香奈儿标志性的设计特质。20 世纪 30 年代，香奈儿尝试了更加柔美的风格，偶尔给作品添加一两道荷叶边或者些许蕾丝细节。不过，她仍旧推崇现代主义，拒绝接受竞争对手伊尔莎·夏帕瑞丽花里胡哨的古怪设计。白色一直是秀场上最惊艳的存在，50 年代中期，香奈儿在系列作品中推出了一些精美绝伦的白色鸡尾酒小礼服裙。

条纹衫

时间：1930年

灵感来源：工作服

重要影响：超越阶级的魅力

香奈儿善于从周围男性的着装中发现不错的设计，这是她最初能够获得成功的原因。条纹衫，又被称作海魂衫，原本是一种实用的保暖服装，由驻扎在布列塔尼的法国海军最先开始穿着。这种服装采用船领设计，便于水手迅速地穿脱，如果不小心落水，横条纹在浩瀚的大海里也非常显眼。从 20 世纪 30 年代开始，就有人拍到香奈儿在蔚蓝海岸的别墅度假，她身穿经典的条纹衫，下摆束进高腰阔腿裤里，显得非常时

尚。其实很早之前，香奈儿就已经开始借鉴杜维埃渔夫的工作服。1913年，香奈儿设计了自己的第一款条纹衫，那是一件宽松的女士套头衫，便于穿脱，无须内搭紧身胸衣，大受顾客们的喜爱。航海风格的条纹元素十分时尚，是香奈儿作品中反复出现的主题，活跃在她于1917年推出的航海系列之中，20世纪20年代与香奈儿合作的一众不受世俗陈规约束的艺术家们也对这种风格青睐有加。经常有人拍到巴勃罗·毕加索在工作室里身穿条纹衫这种传统水手服装。香奈儿早年演绎的条纹衫呈海军蓝与白色，这组色彩搭配清新而隽永，不断启发着此后的设计师们。

好莱坞

时间：1931年

地点：加利福尼亚

成果：香奈儿为三部电影设计戏服

好莱坞制片人塞缪尔·高德温是一个风趣的人，1929年华尔街股灾发生之后，他想到了一个简单却需要大量资金的计划，能让数百万美国工薪阶层暂时忘记日常生活中的痛苦。如果能邀请到香奈儿作为明星造型设计师加盟，他就可以为公众带来一部结合了避世主义幻想与巴黎顶尖潮流的新电影。此外，高德温也希望香奈儿的时尚魅力能够冲刷掉旗下女主演们庸俗的品味，她们的浮夸奢侈与当时的民意相背。在两人共同友人狄米崔·帕夫洛维奇的精心安排下，高德温与香奈儿在摩纳哥碰了面。他极力劝说香奈儿，并承诺与她签署百万美元的巨额合约，终于令香奈儿同意前往加利福尼亚看看电影行业是否有发展空间。1931 年 4 月，香奈儿在米西亚·塞特的陪伴下乘船前往纽约，随后前往洛杉矶联合火车站转乘火车，葛丽泰·嘉宝和玛琳·黛德丽等银幕巨星前去车站迎接她的到来。几次合作后，这位世界知名的女装设计师直言无法放弃自己在巴黎的事业，不会留下来进行戏服设计（女演员们需要飞往巴黎），也不会迎合好莱坞的游戏规则。香奈儿与好莱坞的合作非常短暂，她参与的三部电影——1931 年的《全盛时代》（*Palmy Days*）、1932 年的《希腊人对他们有说法》（*The Greeks Had a Word for Them*），以及 1932 年的《今夜不再来》（*Tonight or Never*）没有一部票房大卖，不过，她为葛洛丽亚·斯旺森设计的戏服受到评论界的盛赞，她与高德温也保持着长久的友谊。

蝴蝶结

时间：20世纪30年代

面料：罗缎、丝绸、丝缎

重要影响：刚柔并济的美学理念

香奈儿早年因低调优雅的风格而闻名，不过，她也经常为剪裁利落的硬朗廓形添加一枚蝴蝶结装饰，以融入一丝柔美风情。女帽商时期的香奈儿摒弃了"美好年代"的浮华羽饰，只用简单的罗缎丝带装饰她从老佛爷百货买来的基础款布列塔尼平顶帽，将丝带在帽子后面系成蝴蝶结。香奈儿于1908年在艾提安·巴勒松的霍亚里越庄园拍摄的照片显示，她身穿一件简约的白衬衫与一条七分裤，只在颈间用黑色缎带松散地系了一个蝴蝶结。在香奈儿于20世纪50年代设计的中性风格Jersey针织面料套装

中，这一造型再度出现。她为套装搭配
了精致利落的丝带蝴蝶结。香奈儿作为
时尚偶像的名气和影响力与日俱增，蝴
蝶结也逐渐成为品牌的标志元素之一，形形色色的蝴蝶结以不同形式出现
在系列作品中。20 世纪 30 年代，香奈儿推出了一系列惊艳绝伦的奢华晚礼
服，都配有蝴蝶结装饰，有的在胸前，有的则装饰于后背，凸显露背礼服的
深 V 设计。同一时期，香奈儿还设计了棉质凸纹面料套装，内搭饰有超大
号绒毛蝴蝶结的衬衫，她于 60 年代推出斜纹软呢套装与丝缎衬衫的经典搭
配时，也沿用了这种刚柔并济的设计特质。1932 年，在著名的 "Bijoux de
Diamants" 钻石珠宝展上，香奈儿也以高级珠宝演绎了她心爱的蝴蝶结，极
富想象力，优雅魅力令公众倾心不已。

保罗·艾里布

时间：1931年

职业：插画家、布景及戏服设计师

关系：香奈儿的潜在结婚对象

50岁时，香奈儿已经成为世界上最著名的女装设计师，却深陷流言蜚语之中。有传言说，她终于要结婚了，对象就是法国插画家保罗·艾里布。艾里布和香奈儿同龄，23 岁时创办了讽刺报刊《目击者》（*Le Témoin*）并名声大噪，从此开启了成绩斐然的漫长职业生涯。艾里布以挥洒自如的画技闻名，服装设计师保罗·普瓦雷曾于 1908 年委托他根据自

己的设计作品创作一本时尚画册——《保罗·艾里布画笔下的保罗·普瓦雷服装》（*Les Robes de Paul Poiret racontées par Paul Iribe*）。这本画册大获好评，不过，随后艾里布改变了职业方向，横跨大西洋前往好莱坞，成为一名布景和戏服设计师，得到了天才电影制片人塞西尔·B. 德米尔的大力支持。作为米西亚·塞特周围不受世俗陈规约束的艺术圈中的一员，香奈儿于 1931年经人介绍，在巴黎结识艾里布。后来，在香奈儿举办奢华的 "Bijoux de Diamants" 钻石珠宝展时，还与艾里布进行了合作，艾里布成功地将香奈儿的想法演绎为完整的设计图。虽然这位"胖乎乎的巴斯克人"（保罗·普瓦雷对艾里布的称呼）有很强的政治倾向，不属于香奈儿通常会喜欢的类型，但两人之间依然迸发了一段热烈的爱情火花。香奈儿曾希望这段感情能够带给她永远的幸福，然而，1935 年 8 月，当艾里布在香奈儿位于蔚蓝海岸的度假别墅打网球时，突发心脏病，就在香奈儿的身边离世。这是香奈儿第二次遭遇如此悲剧，此后，她都未能从这段经历里走出来。

"BIJOUX DE DIAMANTS"
钻石珠宝展

时间：1932年11月

地点：圣·奥诺雷街

里程碑：香奈儿推出首个钻石珠宝系列

重要影响：展览门票收入悉数捐给了慈善机构

年近50岁时，一直推崇人造宝石和人造珍珠的香奈儿，在她位于圣·奥诺雷街一栋18世纪建筑的私人宅邸，举办了一场精彩绝伦

的钻石珠宝展，震惊了整个巴黎。此前，香奈儿没有太多与珍贵宝石相关的设计经验，不过，受到经济大萧条的影响，钻石销量下跌，国际钻石商会找到了她，邀请她设计一个钻石珠宝系列，同时举办一场盛大的展览，以提振人们对钻石的兴趣。香奈儿在法国设计师保罗·艾里布的协助下，以天体、蝴蝶结、流苏、羽毛与几何图形这五大主题为基础，创作了令人惊艳的珠宝系列，彰显极具风格的设计美感。数件以铂金和白色钻石打造的珠宝，采用了隐藏式搭扣设计以及隐秘式镶嵌工艺，且具有多种佩戴方式：发冠可以变成项链，耳环也可以变成发夹，而著名的"彗星项链"甚至采用了无搭扣设计，以璀璨钻石打造的彗星轻柔环绕于颈项。这场展览需要全副武装的警卫保护这些无价之宝，公众想要一探究竟的热情空前高涨。这次展览持续了两周，吸引了数千名参观者，每张门票售价 20 法郎，全部收入都捐给了两家慈善机构：中产阶级私人救助会和巴黎低收入母亲救助会。

玛琳·黛德丽

时间：1933年

推崇：中性风格

服装：香奈儿羊毛哔叽面料长裤套装

20世纪30年代，好莱坞众星云集，她们遥不可及的迷人魅力引得全世界争相效仿，盲目跟风银幕上展现的时尚及审美潮流。出生于德国的影星玛琳·黛德丽因丰锐的颧骨及纤纤细眉而为大众所知，她经常一身男装出现在公开场合，是中性风格的典范先驱。1932年出席电影《罗宫春色》(*The Sign of the Cross*)的首映礼时，她甚至穿着男

士无尾礼服，内搭翼领衬衫和领结，头戴一顶软毡帽，脚踩一双男性化的布洛克皮鞋。她的这身打扮挑战了好莱坞对性别的刻板印象，也是对传统性别规范的公然蔑视，和香奈儿通过借鉴男装推广全新潮流的做法异曲同工，引起公众一片哗然。黛德丽拥有宽肩窄臀的身形，非常适合香奈儿设计的休闲服装，1933 年，她曾穿过一套灰色哔叽面料的香奈儿单排扣套装，内搭一件低调的高领毛衣，头戴法式贝雷帽，洋溢着迷人的摩登魅力。中性风格的着装理念，在黛德丽和香奈儿这两位时尚偶像的推动下，逐渐被公众接受，鼓励着女性选择既实用又优雅的服装。在黛德丽这位影星和潮流风向标的影响下，百货商店甚至打出了"玛琳男士风格"的广告语。

丽兹酒店

时间：1935年

地点：巴黎芳登广场

重要影响：香奈儿曾在丽兹酒店居住，在丽兹酒店离世

知名宾客：马塞尔·普鲁斯特、欧内斯特·海明威与弗朗西斯·斯科特·菲茨杰拉德

丽兹酒店是世界上最华丽的酒店之一，坐落于巴黎的中心，俯瞰着芳登广场与凯旋柱。在 30 余年的岁月里，香奈儿一直将这座酒店视作自己的第二个家。1935—1940 年，香奈儿住在丽兹酒店的四楼最具标志性的套房里。她也在香奈儿精品店的楼上有一套奢华寓所，不过只用于

接待宾客，她从不在那里就寝。在工作室中度过漫长的一天之后，香奈儿会直接穿过马路，从丽兹酒店在康朋街的后门回到自己的套房，床边的梳妆柜上摆放着她珍视的剪刀。每晚，香奈儿都会前往餐厅，并在同一张餐桌前落座，这个位置令她成为人们关注和谈论的焦点，同时也方便她打量来来往往的客人。第二次世界大战期间，德军曾占领巴黎，征用了丽兹酒店，不过，德国高官与丽兹酒店的老板达成了一项出人意料的协议，酒店靠近芳登广场的一侧专供德军军官使用，而靠近康朋街的另一侧则仍旧对外开放。德军占领巴黎之际，香奈儿曾出于安全考虑短暂地离开了这座城市，不过，当她回来时却发现，埃菲尔铁塔挂上了万字旗，而她在丽兹酒店的套房也被纳粹军官征用了。面对时局的动荡，香奈儿泰然自若，选择由奢入俭，在战争期间搬入了酒店后侧的小房间居住。

马耳他铐式手镯

时间：1937年

材料：彩色巴洛克宝石及珐琅

设计师：嘉柏丽尔·香奈儿（由富尔科·迪·佛杜拉制作）

佛杜拉公爵，本名富尔科·桑多斯特范诺·德拉·切尔达，是西西里贵族，常被称作富尔科。在他的帮助下，香奈儿设计出了一系列非常具有代表性的珠宝作品。在共同友人戴安娜·弗里兰与科尔·波特的引荐下，佛杜拉与香奈儿结识，两人都对拜占庭的马赛克图案及艺术瑰宝充满热情，在合作中建立了长久的友谊。在意大利拉韦纳的圣维塔莱教堂，狄

奥多拉皇后的拜占庭马赛克图案给两人留下了尤为深刻的印象。他们还有另一个共同点：都喜欢充满张力的夸张珠宝设计，而不是镶工与宝石都毫不起眼的传统设计。他们都喜欢拜占庭珠宝丰富而大胆的色彩，以及大颗的半宝石。经常有人拍到香奈儿左右手腕对称佩戴着宽宽的铸式手镯，那是她特意要求佛杜拉为她设计的私人藏品。手镯上的马耳他十字架象征着香奈儿在奥巴辛修道院的童年记忆，这个图形曾出现在修道院的地面及其他建筑元素中。这对手镯由白色珐琅制成，由于经年累月的佩戴，已经出现了磨损。两只手镯并非一模一样，它们的珠宝镶嵌有所差异，混搭着蛋面切割翡翠、托帕石、黄水晶、碧玺等珍贵宝石与半宝石。由专业珠宝工匠打造的独特黑白双色马耳他十字架铸式手镯，已经成为香奈儿品牌的标志作品之一，向她的高级定制服客户传达了她的珠宝设计理念。

吉卜赛风格

时间：1939年

面料：丝绸、纯棉及人造丝

颜色：红、白、蓝

重要影响：内衣外穿

战争的阴霾笼罩着欧洲久久不散，香奈儿似乎决心要向世界展示自己的爱国情怀，她用法国国旗的三种色彩设计了一系列令人惊艳的吉卜赛风格连衣裙。在动荡不安的局势下，香奈儿推出的这个系列带有逃避现实的意味，专为那些仍旧沉迷于盛大派对的上流社会女性设计。她们头戴玫

瑰，身穿吉卜赛风格的连衣裙彻夜跳舞，一身装扮让人联想起那些无忧无虑的纯真时光。香奈儿一直极力摆脱上个时代留下来的繁复装饰与浮华风气，因此，这些绚丽多彩的连衣裙着实让人大吃一惊，它们不仅配有一条形似裙撑的罩裙，还饰有夸张的泡泡袖。这一次，香奈儿放弃了她常用的柔和色调，而是选用了浓烈的色彩。这种浪漫的吉卜赛风格廓形，上半身较短，层层叠叠的衬裙和罩裙显得无比蓬松，下摆还饰有蕾丝荷叶边，与香奈儿以往的设计截然不同。香奈儿渴望创新，勇于突破，她使用了现代的内衣制作工艺，设计出了一种非常贴身的英格兰刺绣背心，在高至领口的轻透薄纱下若隐若现。这种外露内衣的设计，模糊了性感和端庄之间的界限，再次证明了香奈儿绝对是时尚先驱。

玛丽莲·梦露

时间：1952年4月

背景：接受《生活》（*Life*）杂志的采访

名言："我只穿香奈儿5号"

重要影响：这款香水销量飙升

浮华城① 最性感的金发女郎玛丽莲·梦露与可可·香奈儿时髦的巴黎风尚产生关联，对于香奈儿在大西洋两岸的事业来说，绝对是一件好事。1952 年 4 月，刚刚开启职业生涯的梦露登上了《生活》杂志的

---

① 指好莱坞。

封面，那时，她尚未成为性感女神，而她身上那份楚楚可怜的气质日后会让她成为卖座的国际影星。在《生活》杂志的特别报道《好莱坞话题榜》（The Talk of Hollywood）中，梦露首次袒露了对香奈儿 5 号这款独特香水的偏爱。当被问道："玛丽莲，你穿什么入睡？"时她答道："我只穿香奈儿 5 号。"几年后，梦露为《现代银幕》（Modern Screen）杂志拍摄系列大片，照片中的她裹着白色的缎面床单，显得性感迷人，而旁边的床头柜上就摆放着香奈儿 5 号香水。1955 年，梦露打算离开好莱坞到纽约发展，成为一名专业的女演员。梦露同意让新闻摄影师埃德·范格斯跟拍她的数日生活，捕捉她去搭乘纽约地铁或在街角小店喝咖啡的惬意、随性模样。这组纪实照片中有一张经典的黑白照片，拍摄到梦露梳妆完毕准备出门的场景，她微微仰着头，神情沉醉，将自己最喜欢的香奈儿 5 号香水握于胸前。这张照片张力十足，绝不应该被埋没，而是要物尽其用，随后的数十年中，许多书籍和杂志都选用它来讲述梦露与香奈儿 5 号香水之间相互成就的佳话。

链条

时间：1954年

灵感来源：香奈儿的早年生活

材料：镀金和黄铜

用途：可作为装饰，也有实用功能

香奈儿品牌的绝大多数标志元素，灵感都来源于创始人年少时的生活。各式各样的镀金链条反复出现在香奈儿设计的系列作品中，有些作为彰显个性的服装珠宝，有些则具有实用功能。香奈儿是出色的造型师，也是时尚风向标，她自身的穿着总能轻而易举地影响顾客的习惯。1937

年，在德国摄影师霍斯特·P.霍斯特为她拍摄的肖像照中，香奈儿慵懒地倚靠着一张缎面扶手椅，数条醒目的镀金链条从她肩膀上随意地垂下来，流露出一种浪漫气质。后来，她为自己设计的优雅套装配上了金色腰链，用来挂钥匙和徽章，令人联想到曾在奥巴辛照顾她的那些修女们束在制服外的链条。香奈儿设计的 2.55 手袋配有非常实用的皮穿链肩带，其灵感来自她在骑马时使用的缰绳和马具，凝结了曾在霍亚里越庄园度过的美好时光。香奈儿曾提到，儿时的好友曾给过她一条金属链条，以免她的裙摆拖到地面。她说："这可能就是我如此钟爱链条的原因。"多年之后，香奈儿从中汲取灵感，将纤细链条精心地藏在她设计的外套和半身裙里，以增加面料的重量，展现完美的垂坠感。

香奈儿套装

时间：1954年

历史上的穿着者： 格蕾丝·凯莉、伊丽莎白·泰勒及
杰奎琳·肯尼迪

当代穿着者： 安娜·莫格拉莉丝、佩内洛普·克鲁兹及
索菲亚·科波拉

香奈儿一直致力于创造简约易穿的套装，早在杜维埃时，她就已经推出了由宽松开襟衫与垂顺半身裙组成的套装。在她70岁重返时尚界时，香奈儿推出了她最著名的优雅套装，给全世界留下宝贵的遗产。克里斯汀·迪奥创造的"新风貌"，极具束缚感，却大获成功，令香奈儿感到匪夷所思。1954年，

香奈儿推出了经典套装，旗帜鲜明地诠释了她的女装哲学，那就是要舒适且实穿。这款套装的廓形保留了很好的平衡感，剪裁较以往要精细得多，符合她一贯的设计准则。香奈儿还赋予套装独特的造型巧思，令它一跃成为时尚经典。美国女性最先意识到了她的创意是何等超前，因为她推出的套装宛如现代女性的制服，适合所有场合。她设计的外套质地柔软，廓形方正，便于自如地活动，香奈儿追求完美，常花数个小时调整袖子，因为袖子是决定合身与否的关键。外套的衬里通常和内搭的真丝衬衫选用同一种面料，无领的设计简约而现代，口袋不仅起到装饰作用，还兼具功能性，精美的镀金纽扣与扣眼完美匹配。香奈儿用编结滚边装饰外套的下摆，有时也装饰袖口、领口和口袋，她还在内衬的下摆加了一条细链，赋予外套完美的垂坠感。香奈儿设计的经典套装历久弥新，在时尚史中有着不可撼动的地位。

2.55 手袋

时间：1955年2月

材料：镀金链条肩带和菱格纹绗缝皮革

代表人物：安娜·温图尔、菲比·菲洛及索菲亚·科波拉

如今，设计师手袋已是奢华时装品牌的视觉象征，然而早在这种现象萌发数十年之前，香奈儿就创作出了她经典的 2.55 菱格纹绗缝手袋，与她的绝大多数创新设计一样，也是出于她自己的日常需求。香奈儿曾说："我厌倦了把包拿在手里，还经常弄丢。"她为这款手袋设计了皮穿链长款背带；包身点缀的转扣被称作 Mademoiselle 原创方扣，保证了手袋中物

品的安全；手袋还设有数个口袋，其中一个口袋专门用来放置香奈儿从不离身的红色唇膏。这些设计已成为这款炙手可热的手袋一眼可辨的特色标志。2.55 手袋得名于它的问世日期 1955 年 2 月，一经推出迅速成为香奈儿的标志作品之一，也丰富了她的设计语汇。香奈儿喜欢从过往岁月的吉光片羽中淬炼灵感，选用柔韧的小羊皮制作手袋，一丝不苟地在皮革表面施以明线绗缝，形成菱格纹图案，令人联想到此前她在艾提安·巴勒松的庄园学习骑马时，马夫们身穿的绗缝面料。金属链条与抛光皮革交织而成的皮穿链肩带显得非常独特，很有可能是受到了缰绳这种马具的启发。手袋的衬里呈酒红色，其灵感可能来自奥巴辛修道院里修女们身穿的袍服。香奈儿为这款手袋设计了三种不同尺寸，每种尺寸都能选用两种材质打造，柔软的皮革用于搭配日装，真丝 Jersey 针织面料款式用于搭配晚装。

双色鞋

时间：1957年

材料：小山羊皮与黑色丝缎

风格：双色后系带露跟鞋

代表人物：吉娜·劳洛勃丽吉达、罗密·施奈德及凯瑟琳·德纳芙

1957年，香奈儿推出著名的双色后系带露跟鞋，但有证据表明，她在很早之前已经穿上了为自己设计的双色鞋履。1937年左右，香奈儿和俄罗斯芭蕾舞团的首席舞蹈家塞尔吉·里法拍了一张合照，当

时香奈儿正好穿了一双配有简约黑色鞋头的米色凉鞋，可以算是著名双色鞋的雏形。在香奈儿的职业生涯中，对实用主义与简约风格的渴望始终贯穿于她的创意设计，双色鞋的构思过程也不例外。周身以米色小山羊皮打造的鞋子，刮痕明显，也不耐脏，不过，饰以对比鲜明的黑色鞋头之后，可以巧妙地隐藏住瑕疵，让鞋子显得更精致，也更耐穿。在一直为品牌服务的鞋匠雷蒙德·马萨罗的帮助下，香奈儿实现了她的构想，米色的鞋身能从视觉上拉长腿部线条，同时衬托肤色，而形状偏方的黑色鞋头令双脚看起来更加秀气。20 世纪 50 年代，细高跟的设计非常流行，但是香奈儿想让女性感到舒适，因而选择以弹力带搭配露跟设计，小巧而稳固的鞋跟只有 6 厘米高，却足以达到增高的效果，同时又便于行走。20 世纪 30 年代，香奈儿的英国贵族朋友们在打高尔夫球时，经常会穿一种黑白双色运动鞋，这可能就是香奈儿创作优雅双色鞋的灵感来源。

伊丽莎白·泰勒

时间：20世纪60年代

服饰：斜纹软呢套装及香奈儿手袋

重要影响：世界知名女演员演绎香奈儿作品

1954 年 3 月 5 日，香奈儿推出全新系列，宣告重返时尚界，全世界最懂着装之道的女人纷纷前往她的精品店朝圣，希望能为自己的衣橱购置一袭经典套装，以领略神秘的法式风情。彼时，伊丽莎白·泰勒的名气正值巅峰，全世界最好的设计师都任她挑选，不过，她最终选择了香奈儿的高级定制服，她经常光顾康朋街 31 号，在二楼宽敞的高级定制服沙龙内试装。20 世纪 60 年代早期，泰勒和她的第四任丈夫艾

迪·费舍尔在一起时，经常有人拍到她从头
到脚都是香奈儿的设计，身穿经典套装，搭配 2.55 手袋，
头戴标志性平顶帽，这是魅力影星的终极时尚造型。事
实上，香奈儿和泰勒截然不同：香奈儿喜欢柔和的色调，
日常工作有条不紊，饮食也非常节制，而泰勒喜欢大胆的
色彩、闪亮的面料与醒目的珠宝，搭配服饰时随心所
欲，从不避讳张扬自我。在着装上，香奈儿推崇化
繁为简，认为女性应该在出门前照下镜子审视自己，
然后摘掉一件饰品再出门，但泰勒不以为然，她毫不掩
饰自己对昂贵首饰的喜爱，通常会把戒指、胸针、手链全都戴上，连秀发也
要用珠宝点缀。当泰勒将她钟情的极繁主义与香奈儿时髦的巴黎风尚相结合
后，别具个人魅力。

杰奎琳·肯尼迪

时间：1963年11月22日

服装：粉色香奈儿套装

地点：美国得克萨斯州达拉斯市

历史影响：这位美国第一夫人身穿香奈儿套装的照片风靡全球

杰奎琳·肯尼迪是美国前任总统约翰·F.肯尼迪的夫人，也是光顾香奈儿康朋街精品店的众多富贵名流之一，在1955—1958年成为香奈儿高级定制服的顾客。按照常理，美国总统夫人只应选择美国本土的服装品牌，不过，当时香奈儿设计的时尚套装赢得了全球赞誉，在上流社会中是低调优雅的代名词，自然而然成了杰奎琳·肯尼迪出席公共场合的最佳选择。1963年11月22日，约翰·F.肯尼迪前往达拉斯市，杰奎琳就陪伴在他的身旁，身穿一袭明丽的香

奈儿套装。第一夫人并未亲自购置这身套装，而是由其朋友带着她的尺码前往康朋街 31 号订购，再由香奈儿创意工作室制作完成。这身套装来自香奈儿 1961 年秋冬高级定制服系列，外套以粉色圈圈斜纹软呢打造，饰有海军蓝塔夫绸滚边与精致的镀金纽扣，还有一条半身裙与一顶圆盒帽与之相配，是杰奎琳·肯尼迪的最爱之一，此前，她已经穿着这身套装出席过一些官方场合。在达拉斯市，肯尼迪夫妇搭乘一辆林肯大陆敞篷汽车沿着街道巡游，突然有人朝肯尼迪总统开枪射击，导致他丧命当场，鲜血飞溅到杰奎琳身上。她拒绝换下这套沾满了她丈夫血污的服装，并表示："我要让他们看看，他们到底对杰克[1]做了什么。"此后，杰奎琳·肯尼迪从未清洗过这身套装，将它们连同她遭遇暗杀当天穿过的长筒袜和配饰全部装进了无酸纸盒，存放到马里兰州国家档案馆中。

---

① 约翰·F. 肯尼迪的昵称。

百老汇音乐剧《可可》

时间：1969年12月
地点：百老汇的马克·海林格剧院
舞台布景及戏服设计师：塞西尔·比顿
上演周期：329场表演

早在 1956 年，美籍丹麦裔制作人弗雷德里克·布里松就与香奈儿接洽，想要把她的人生经历改编成戏剧或电影，经过多年的漫长谈判，这一想法才得以实现，音乐剧《可可》(*Coco*) 最终问世。这部剧围绕着香奈儿退隐多年之后，于 20 世纪 50 年代初重返时尚界的故事展开。香奈

儿对剧作一流的创作团队感到满意，负责音乐和歌词的安德烈·普雷文与艾伦·杰伊·勒纳在业界成就颇丰。不过，让她不悦的是，这部音乐剧聚焦于她的晚年生活，而不是她最辉煌的时期，更让她愤懑的是，这样一部讲述她人生故事的音乐剧，却没有邀请她来负责戏服设计，而是选择了两获奥斯卡最佳服装设计奖的塞西尔·比顿。这部音乐剧的制作人认为，香奈儿的原创设计对戏剧表演而言太过平淡，而比顿设计的戏服不仅能够捕捉到香奈儿的精髓，还能给观众带来额外的惊艳之感。凯瑟琳·赫本受邀担纲女主角，比顿设计的戏服令她看起来非常时尚，但是她此前没有任何唱歌跳舞的经验，而且也没有刻意模仿法国口音。香奈儿原本打算前往纽约出席首演，但在最后一刻改了主意。这部音乐剧只上演了不到一年时间，虽然在评论界不温不火，却赢得了公众的喜爱。

香奈儿 19 号香水

时间：1970年

调香师：亨利·罗伯特

原料：香根鸢尾、五月玫瑰及茉莉花

重要影响：根据香奈儿的出生日期命名

1954 年，恩尼斯·鲍退休。随后，1955 年，新任专属调香师亨利·罗伯特接掌了香奈儿香水。亨利·罗伯特出生于格拉斯，是一位成功的调香师，曾在科蒂香水公司工作，后来和鲍共同为香奈儿效

力，最终接任鲍担任专属调香师一职。19 号香水是香奈儿本人生前推出并使用过的最后一款香水，由罗伯特负责调制。年近 90 岁时，香奈儿开始着手创造一款全新的香水。她赋予这款香水独一无二的印记，令人愉悦的芳香与 5 号香水截然不同，充满了活力，与飞速变化的时代同频。19 号香水的命名意在纪念香奈儿的生日，即 8 月 19 日。它的包装与此前著名的 5 号香水极度相似，不过相比于 5 号香水的馥郁温暖，这款香水有着鲜明的木质香调。19 号香水的萃取过程十分复杂，因为它的主要成分是香根鸢尾，这种植物需要干燥数年，才能酝酿出香气，然后再转化为可用于制作香水的精华。19 号香水呈清新的绿色，配方中包含五月玫瑰、茉莉花、铃兰等在春季盛开的花朵，各种香气取得了完美平衡。它独特的绿色香调源于芳香植物白松香，柔和的粉质香调则得益于香根鸢尾。19 号香水推出不到一年，香奈儿就过世了，虽然这款香水从未达到 5 号香水那样登峰造极的高度，但是仍然拥有一批忠实的顾客。

1971 年 1 月 10 日

场所：卧室

地点：丽兹酒店，旺多姆广场

重要影响：香奈儿品牌沉寂了 12 年

香奈儿的长眠之地：瑞士洛桑

在长达 60 年的职业生涯中，香奈儿名利双收。晚年时，无须为家庭和爱情分神的香奈儿愈发沉迷于工作，把时间和精力尽数倾注给了香奈儿品牌这个"终身伴侣"。绝大多数与她合作过的创意人士都已经离世，香奈儿因此越发孤独。一周当中，她有 6 天都待在康朋街，与那些忠

诚的员工们一起工作。晚上，她会回到丽兹酒店，在她陈设简洁的房间里休息，有管家和女佣照顾她的生活。尽管已经年迈，香奈儿仍然渴望能不断推出成功的作品，工作态度始终如一。

1971 年 1 月 10 日星期日，在丽兹酒店里，香奈儿在睡梦中安详地与世长辞，享年 88 岁。葬礼在康朋街旁边的玛德莲大教堂举行，巴黎知名的服装设计师们纷纷出席，以表敬意。香奈儿最终长眠于瑞士洛桑，墓碑上雕刻有 5 个狮头，下方只写了她的名字嘉柏丽尔·香奈儿，以及她的生卒日期。香奈儿生前就是一位偶像级的人物，她的个人风格及她对时尚界的贡献举世闻名。50 年后的今天，她仍是 20 世纪最具影响力的设计师，她的地位至今无人能够撼动。